KB193866

# 예비 초등
# 수학
# 자신감

② 시계와 달력

삼성출판사

# 학부모 안내서

## 안녕하세요, 초등 교사 유정입니다.

18년 동안 학교 현장에서 아이들을 만나고, '맘앤티처'라는 또다른 이름으로 수많은
부모님들과 소통하며 어린이 교육에 대해 이야기해 왔습니다.

시계와 달력 보기는 수학 교육과정의 '측정' 영역입니다. 측정 영역은 실생활과 밀접하여,
일상에서 직접 단위를 인식하고, 양을 재어 보는 경험이 중요합니다. 아이들의 일상이 녹아
있는 친숙한 내용과 그림을 통해 시계와 달력을 배워 보세요.

### ★ 자기 주도성의 첫걸음, 시계와 달력 보기

자신의 공부와 생활을 스스로 관리하고 계획하는 자기 주도적인 아이에게 가장 먼저 필요한 것은
시각과 시간 개념입니다. 시계를 볼 수 있으면 부모님이 알려 주지 않아도 아이 스스로 시각을 확인할
수 있습니다. "내일 아침 7시에 일어나야지.", "한글 공부 3시부터 해야지.", "블록 놀이 5시까지 하고
정리하자." 이렇게 계획하고 다짐하며 실천할 수 있습니다. 또한 달력을 볼 수 있으면 친구와 부모님,
선생님과 약속을 정하고 지키는 것도 스스로 할 수 있습니다.

### ★ 원리를 통한 시계와 달력 보기

시계의 숫자, 긴바늘과 짧은바늘을 살펴보며 기초부터 알아봅니다. 짧은바늘이 가리키는 숫자를
보고 '몇 시' 정각, 긴바늘이 6을 가리키는 것을 확인하고 '몇 시 30분', 5씩 뛰어 세기를 통한 5분,
10분 이어 세기를 통한 1분 단위 보기까지 천천히 연습해 보세요. 시계를 보며 다양한 수 개념을
연습할 수 있습니다.
달력에는 다양한 규칙이 있습니다. 7일씩 반복되는 요일, 1씩 커지는 수, 각 달의 날 수 등 다양한
규칙을 발견하며 달력을 익혀 보세요.

### ★ 생활 속 시계와 달력

생활 속에서 분, 시, 월, 일, 요일과 같은 시계와 달력의 단위를 사용한 대화를 많이 나눠 보세요.
시곗바늘을 요리조리 돌려 보고, 달력의 숫자도 세어 보며, 시계와 달력을 활용한 다양한 조작 활동을
해 보세요. 아이가 잘 볼 수 있는 곳에 시계와 달력을 걸어 두고 "지금 몇 시지?", "몇 시에 저녁
먹을까?", "9월 20일이 아빠 생신인데 무슨 요일이더라?" 하며 일상의 이야기를 함께 해 보세요.

수학은 특히 공부 정서가 중요한 과목입니다. 아이들이 개념을 하나씩 차근차근 익히고, 수학에 점점 자신
감을 가질 수 있도록 돕겠습니다. <수학 자신감>으로 1승, 2승 그리고 완승을 거두시기 바랍니다.

초등 교사이자 두 초등학생의 엄마 **맘앤티처 유정** 드림

# 어린이 알림장

시계와 달력을 보면 스스로 할 수 있는 것들!

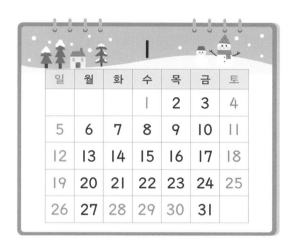

⭐ **친구와의 약속을 잘 지킬 수 있어요.**
시계와 달력을 알면 친구와 약속을 정할 수 있어요. 약속한 날짜와 시간에 만나 재미있게 놀 수 있지요.

⭐ **부모님과의 약속을 잘 지킬 수 있어요.**
놀이를 더 하고 싶을 때, 공부를 시작해야 할 때, 정리 정돈을 해야 할 때 시계를 이용해 부모님과 약속을 정할 수 있어요.

⭐ **나와의 약속을 잘 지킬 수 있어요.**
아침에 일어나는 시각이나 밤에 잠자는 시각을 스스로 시계를 보며 정하고 실천하면, 규칙적인 생활 습관을 기를 수 있어요.

⭐ **특별한 날을 기억할 수 있어요.**
가족 생일, 여행 날짜를 알고, 달력에 표시할 수 있으면 중요하고 특별한 날을 잊지 않고 기억할 수 있어요.

<수학 자신감>은 한 단원이 1승으로 구성되어 있어요. 한 단원을 마칠 때마다 트로피 스티커를 붙이며 1승, 2승…완승까지 가는 거예요.
<수학 자신감>과 함께 체계적이고 즐거운 수학 공부를 시작해 볼까요?

# 수학 자신감, 이렇게 시작하세요

## ⭐ 시계 인지 순서에 따른 단계별 학습

몇 시 ⇨ 몇 시 30분 ⇨ 5분 단위 ⇨ 1분 단위의 단계로 차근차근 시계 보기를 익히는 구성입니다.
긴바늘이 12에 고정된 상태로 짧은바늘로 '시'를 알아보고, 긴바늘이 1씩 지날 때마다 5분씩 바뀌는
원리를 깨치면서 학습 효과를 높이고, 생활 속 시계 놀이로 시계 보기를 완성하세요.

짧은바늘과 긴바늘 배우기 ●

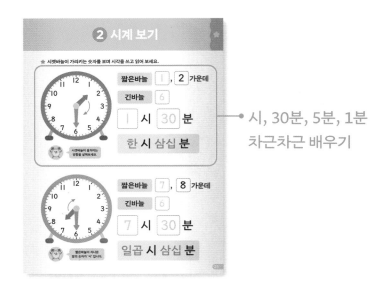

● 시, 30분, 5분, 1분 차근차근 배우기

## ⭐ 생활 속 달력 보기 연습

날짜 보기 ⇨ 요일 보기 ⇨ 1년 달력 모아 보기의 흐름을 통해 달력의 가로세로 규칙을 이해합니다.
월, 일, 요일 표시가 어디어디인지, 한 달은 며칠이며, 1주일은 며칠인지 이해하고 오늘은 몇월 며칠인지
자연스럽게 익혀 보세요.

1달 배우기 ●

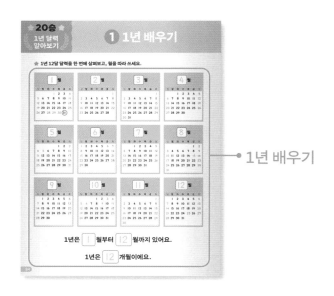

● 1년 배우기

## ⭐ 시계, 달력 보기로 시작하는 생활 속 수학 자신감

실생활에 바로 활용할 수 있어서 알고 나면 더욱 뿌듯한 시계, 달력 보기!
나의 하루 일과, 한 달 계획 속에서 다양한 수학 활동을 경험해 보세요.

### 시계와 나

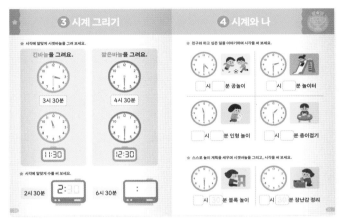

### 시계 놀이

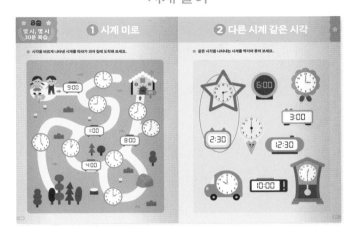

### 달력의 활용

### 달력 완성하기

### 시계와 달력 만들기

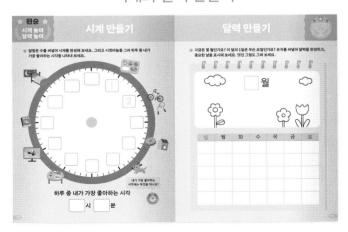

_____의 완승 도전

완승

⭐ 몇 시, 몇 시 30분

| 승 | 내용 | 쪽수 | 공부한 날 | 내 사인 |
|---|---|---|---|---|
| 1승 | 시계 알아보기 | 8-11쪽 | 월    일 | |
| 2승 | 몇 시 1 | 12-15쪽 | 월    일 | |
| 3승 | 몇 시 2 | 16-19쪽 | 월    일 | |
| 4승 | 몇 시 3 | 20-23쪽 | 월    일 | |
| 5승 | 몇 시 30분 1 | 24-27쪽 | 월    일 | |
| 6승 | 몇 시 30분 2 | 28-31쪽 | 월    일 | |
| 7승 | 몇 시 30분 3 | 32-35쪽 | 월    일 | |
| 8승 | 몇 시, 몇 시 30분 복습 | 36-39쪽 | 월    일 | |

## ⭐ 5분 단위

| 승 | 내용 | 쪽수 | 공부한 날 | 내 사인 |
|---|---|---|---|---|
| 9승 | 5분 단위 1 | 40-43쪽 | 월    일 | |
| 10승 | 5분 단위 2 | 44-47쪽 | 월    일 | |
| 11승 | 5분 단위 3 | 48-51쪽 | 월    일 | |
| 12승 | 5분 단위 복습 | 52-55쪽 | 월    일 | |

## ⭐ 1분 단위

| 승 | 내용 | 쪽수 | 공부한 날 | 내 사인 |
|---|---|---|---|---|
| 13승 | 1분 단위 1 | 56-59쪽 | 월    일 | |
| 14승 | 1분 단위 2 | 60-63쪽 | 월    일 | |
| 15승 | 1분 단위 3 | 64-67쪽 | 월    일 | |
| 16승 | 1분 단위 복습 | 68-71쪽 | 월    일 | |
| 17승 | 시계 전체 복습 | 72-75쪽 | 월    일 | |

## ⭐ 달력 보기

| 승 | 내용 | 쪽수 | 공부한 날 | 내 사인 |
|---|---|---|---|---|
| 18승 | 날짜 보기 | 76-79쪽 | 월    일 | |
| 19승 | 요일 보기 | 80-83쪽 | 월    일 | |
| 20승 | 1년 달력 알아보기 | 84-87쪽 | 월    일 | |
| 21승 | 달력 복습 | 88-91쪽 | 월    일 | |
| 완승 | 시계 놀이 • 달력 놀이 | 92-93쪽 | 월    일 | |

# 1 여러 가지 시계

⭐ 다양한 종류의 시계가 있어요. 어떤 시계가 있는지 알아보세요.

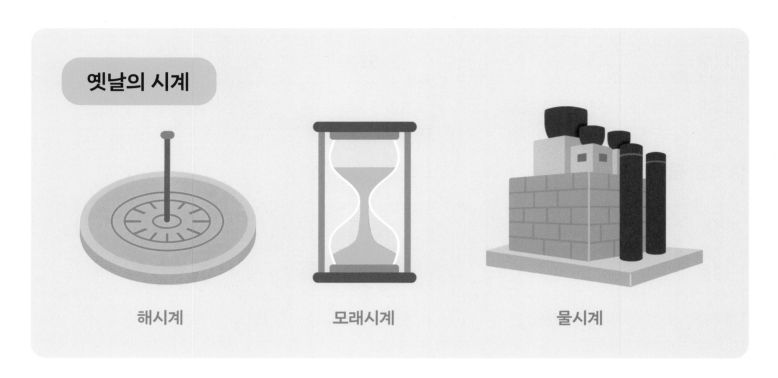

**옛날의 시계**

해시계        모래시계        물시계

**오늘날의 시계**

10:00        2:30        2:00

⭐ 시계에는 긴바늘과 짧은바늘이 있어요. 긴바늘은 빨간색, 짧은바늘은 초록색으로 색칠해 보세요.

짧은바늘은 시, 긴바늘은 분을 나타내요.

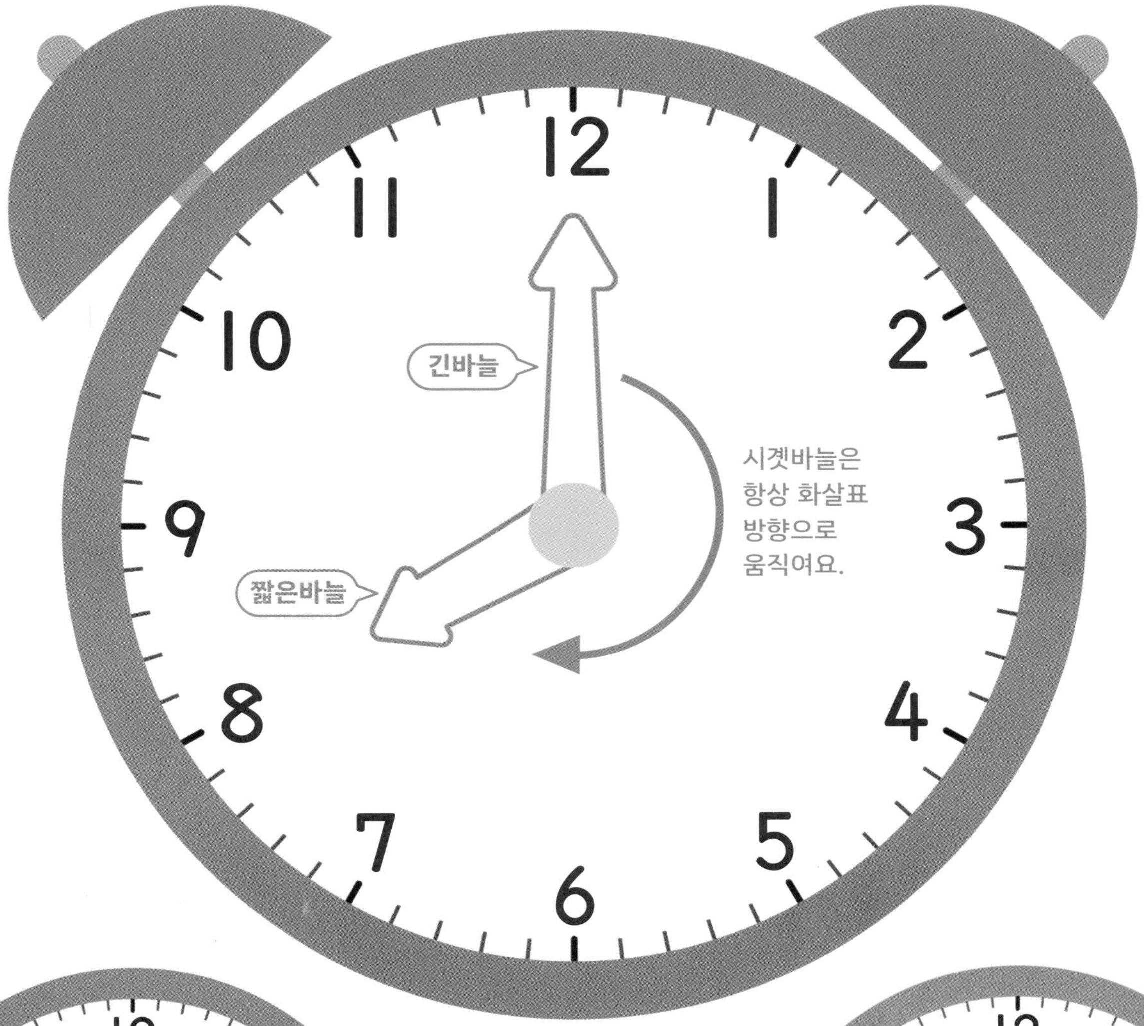

긴바늘

짧은바늘

시곗바늘은 항상 화살표 방향으로 움직여요.

긴바늘이 한 바퀴 돌 때, 짧은바늘은 숫자 1만큼 움직여요.

⭐ 시계에 있는 숫자를 쓰고 소리 내어 읽어 보세요.

시계에는 [1], [2], [3], [4], [5], [6], [7], [8], [9], [10], [11], [12] 숫자가 있어요.

⭐ 1부터 12까지 수를 차례대로 써서 시계를 완성해 보세요.

⭐ 시계에 있는 수를 모두 찾아 ○ 해 보세요.

3    12    30

89    7

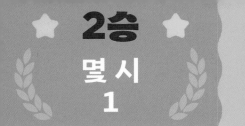

# 1 시계 배우기

⭐ 시곗바늘이 가리키는 숫자를 보고 '몇 시'를 배워 보세요.

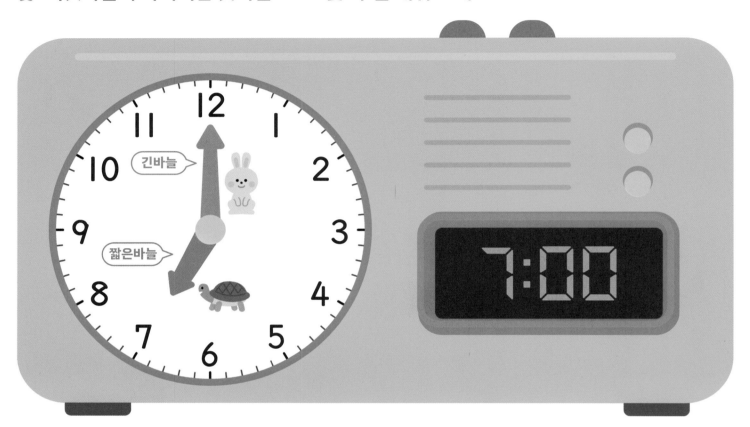

짧은바늘이 7 , 긴바늘이 12 를 가리키면 7 시예요.

⭐ '몇 시'인지 바르게 읽어 보세요.

 '몇 시'일 때 긴바늘은 항상 12를 가리켜요.

| 쓰기 | 1시 | 2시 | 3시 | 4시 | 5시 | 6시 |
|---|---|---|---|---|---|---|
| 읽기 | 한 시 | 두 시 | 세 시 | 네 시 | 다섯 시 | 여섯 시 |

| 쓰기 | 7시 | 8시 | 9시 | 10시 | 11시 | 12시 |
|---|---|---|---|---|---|---|
| 읽기 | 일곱 시 | 여덟 시 | 아홉 시 | 열 시 | 열한 시 | 열두 시 |

⭐ 시곗바늘이 가리키는 숫자를 보며 시각을 쓰고 읽어 보세요.

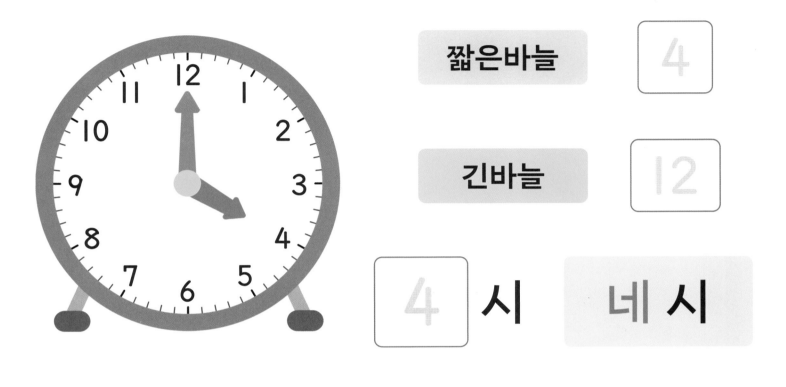

짧은바늘   4

긴바늘   12

4 시   네 시

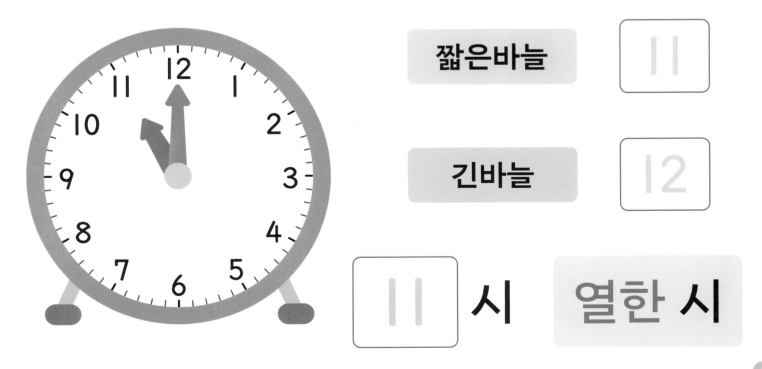

짧은바늘   11

긴바늘   12

11 시   열한 시

⭐ 짧은바늘이 가리키는 숫자에 ○하고 시각을 써 보세요.

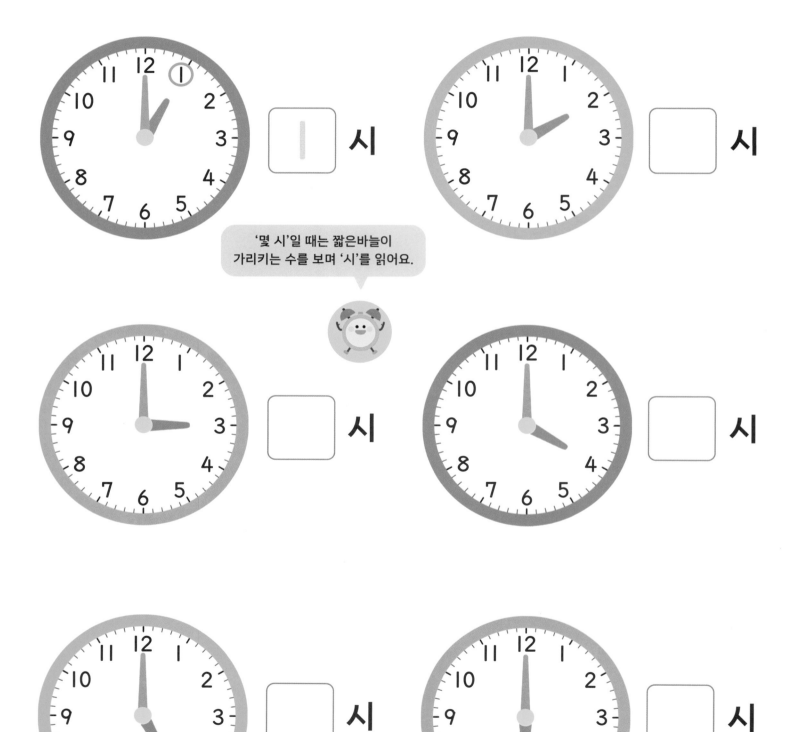

'몇 시'일 때는 짧은바늘이
가리키는 수를 보며 '시'를 읽어요.

 시각을 숫자로 바르게 쓰고 한 시, 두 시, 세 시… 열한 시, 열두 시로 소리 내어 읽어 보세요.

  시

  시

  시

  시

 짧은바늘과 긴바늘이 모두 12를 가리키면 '12시'예요.

  시

  시

# 1 6시까지 시계 보기

⭐ '몇 시'인지 쓰고 읽어 보세요.

긴바늘
짧은바늘

| 쓰기 | 2 | 시 |
| 읽기 | 두 | 시 |

---

| 쓰기 | 3 | 시 |
| 읽기 | 세 | 시 |

⭐ 시계를 보고 시각을 써 보세요.

5 시

□ 시

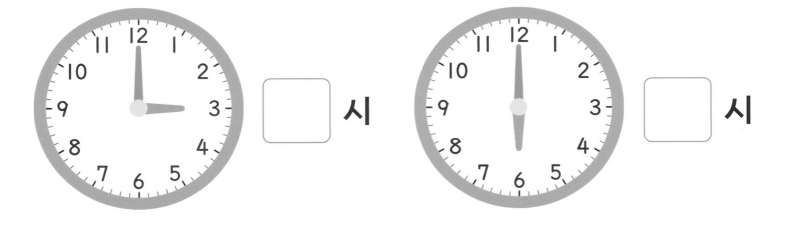

□ 시

□ 시

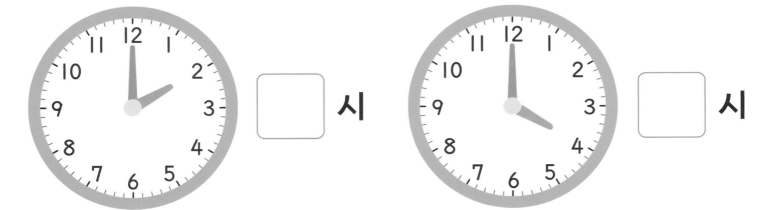

□ 시

□ 시

# 3 12시까지 시계 보기

⭐ '몇 시'인지 쓰고 읽어 보세요.

쓰기 9 시

읽기 아홉 시

쓰기 10 시

읽기 열 시

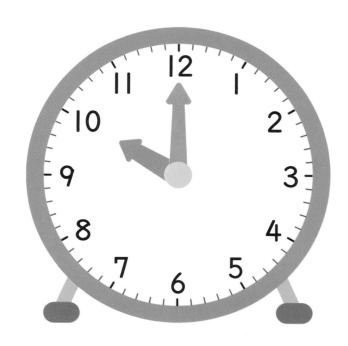

⭐ 시계를 보고 시각을 써 보세요.

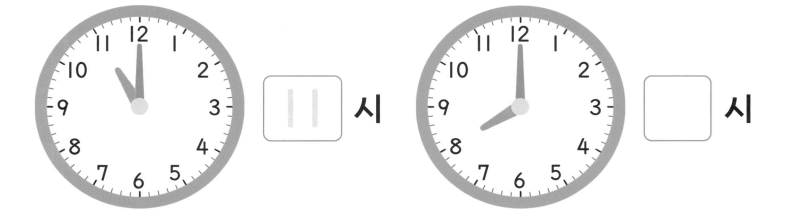

11 시

□ 시

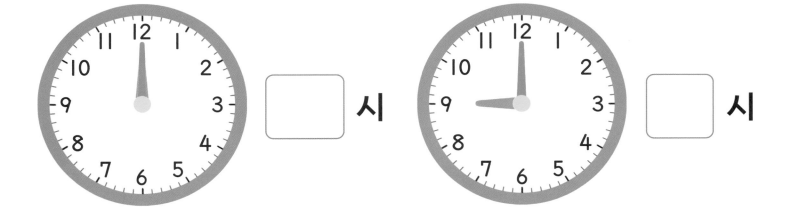

□ 시

□ 시

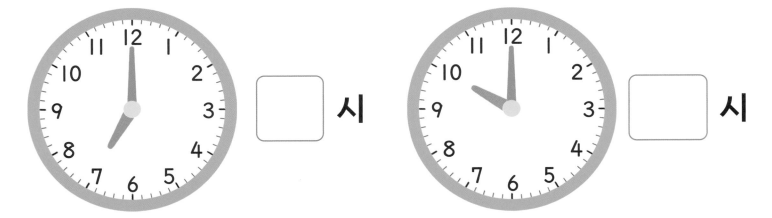

□ 시

□ 시

# 1 바른 시각 고르기

⭐ 둘 중 바른 시각에 ○하세요.

(1시) 2시

7시 8시

3시 9시

1시 11시

9시   6시

1시   10시

⭐ 같은 시각을 찾아 선으로 이어 보세요.

2시    5시    8시    10시

⭐ 시각에 알맞게 짧은바늘을 그리세요.

**2시**

**5시**

 12시는 짧은바늘과 긴바늘이 겹쳐져요.

⭐ 시각에 알맞게 수를 써 보세요.

**3시**

**10시**

⭐ 하루 동안 하는 일을 이야기하며 시각을 써 보세요.

[ ] 시에 점심을 먹어요.

[ ] 시에 도서관에 가요.

[ ] 시에 블록 놀이를 해요.

[ ] 시에 양치질을 해요.

⭐ 스스로 다짐을 하며 시각을 쓰고 시곗바늘을 그려 보세요.

[ ] 시에 일어날 거예요.

[ ] 시에 잠을 잘 거예요.

# 1 시계 배우기

⭐ 시곗바늘이 가리키는 숫자를 보고 '몇 시 30분'을 배워 보세요.

30분일 때 긴바늘은 항상 6을 가리키고 짧은바늘은 두 숫자의 가운데 있어요.

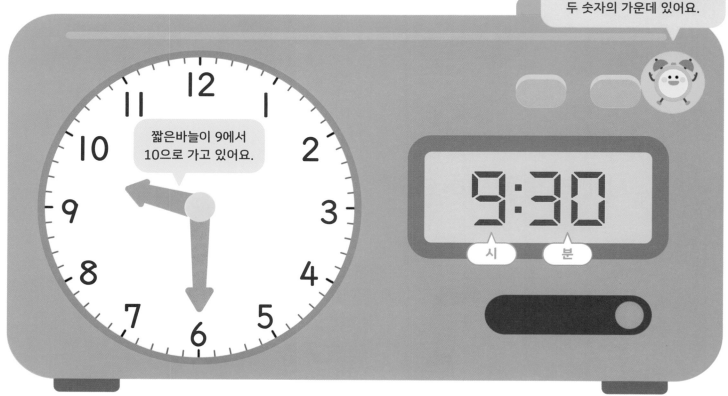

짧은바늘이 9에서 10으로 가고 있어요.

9:30
시    분

짧은바늘이 9 와 10 가운데 있고

긴바늘이 6 을 가리키면 9 시 30 분이에요.

⭐ '몇 시 30분'을 바르게 읽어 보세요.

| 쓰기 | 2시 30분 | 9시 30분 |
|---|---|---|
| 읽기 | 두 시 삼십 분 | 아홉 시 삼십 분 |

⭐ 시곗바늘이 가리키는 숫자를 보며 시각을 쓰고 읽어 보세요.

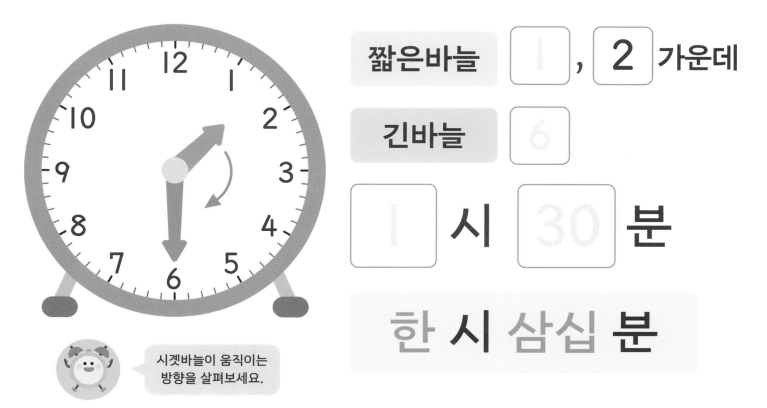

짧은바늘 1 , 2 가운데

긴바늘 6

1 시 30 분

한 시 삼십 분

시곗바늘이 움직이는 방향을 살펴보세요.

짧은바늘 7 , 8 가운데

긴바늘 6

7 시 30 분

일곱 시 삼십 분

짧은바늘이 지나온 앞의 숫자가 '시' 입니다.

25

⭐ 짧은바늘이 두 숫자 가운데에 있어요. 지나온 앞의 숫자에 ◯ 하고 시각을 써 보세요.

☐ 시 30분

☐ 시 30분

☐ 시 ☐ 분

☐ 시 ☐ 분

☐ 시 ☐ 분

☐ 시 ☐ 분

시 분

시 분

시 분

시 분

짧은바늘이 12와 1
가운데 있을 때, 시곗바늘이
지나온 앞의 수는 12예요.

시 분

시  분

# 1 시계 보기

⭐ '몇 시 30분'을 쓰고 읽어 보세요.

 짧은바늘이 지나온 앞의 숫자는 4, 4시예요.

 짧은바늘이 4에서 5로 가고 있어요.

쓰기 **4** 시 **30** 분

읽기 **네** 시 **삼십** 분

---

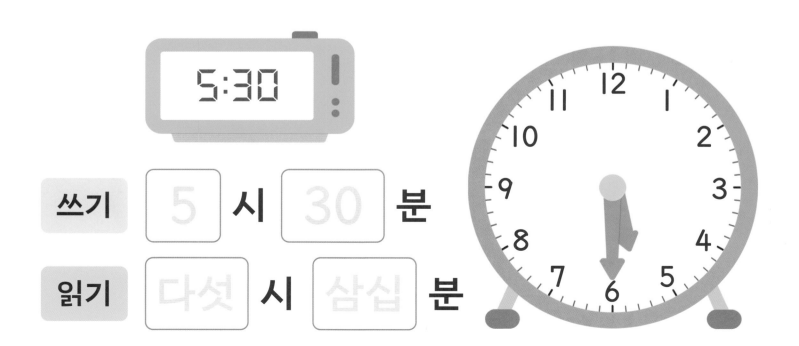

쓰기 **5** 시 **30** 분

읽기 **다섯** 시 **삼십** 분

⭐ 시계를 보고 시각을 써 보세요.

3 시 30 분

☐ 시 30 분

☐ 시 ☐ 분

☐ 시 ☐ 분

☐ 시 ☐ 분

☐ 시 ☐ 분

⭐ '몇 시 30분'을 쓰고 읽어 보세요.

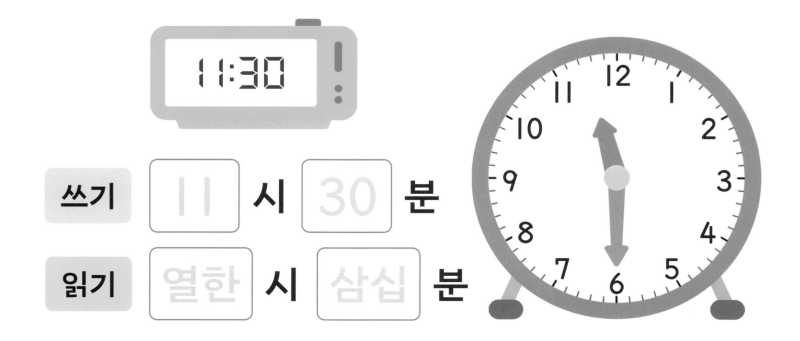

⭐ 시계를 보고 시각을 써 보세요.

 시  분

☐ 시 30 분

☐ 시 ☐ 분

☐ 시 ☐ 분

☐ 시 ☐ 분

☐ 시 ☐ 분

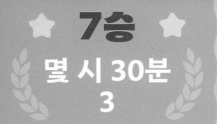
# 1 바른 시각 고르기

⭐ 둘 중 바른 시각에 ○하세요.

( **4시 30분** )   5시 30분

7시 30분   8시 30분

8시 30분   9시 30분

6시 30분   5시 30분

9시 30분   3시 30분

1시 30분   11시 30분

⭐ 같은 시각을 찾아 선으로 이어 보세요.

| 11시 30분 | 7시 30분 | 9시 30분 | 4시 30분 |

⭐ 시각에 알맞게 시곗바늘을 그려 보세요.

⭐ 시각에 알맞게 수를 써 보세요.

2시 30분

6시 30분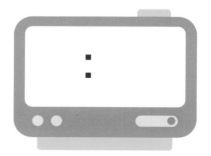

# 4 시계와 나

⭐ 친구와 하고 싶은 일을 이야기하며 시각을 써 보세요.

□ 시 □ 분 공놀이

□ 시 □ 분 놀이터

□ 시 □ 분 인형 놀이

□ 시 □ 분 종이접기

⭐ 스스로 놀이 계획을 세우며 시곗바늘을 그리고, 시각을 써 보세요.

□ 시 30 분 블록 놀이

□ 시 30 분 장난감 정리

# 1 시계 미로

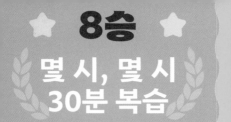

⭐ 시각을 바르게 나타낸 시계를 따라가 과자 집에 도착해 보세요.

⭐ 같은 시각을 나타내는 시계를 짝지어 묶어 보세요.

⭐ 짧은바늘과 긴바늘이 알맞게 그려진 시계에 ◯하세요.

 '몇 시 30분'일 때, 짧은바늘은 숫자 두 개의 가운데를 가리켜요.

⭐ 친구들이 일어난 시각을 쓰고, 일찍 일어난 순서대로 이름을 써 보세요.

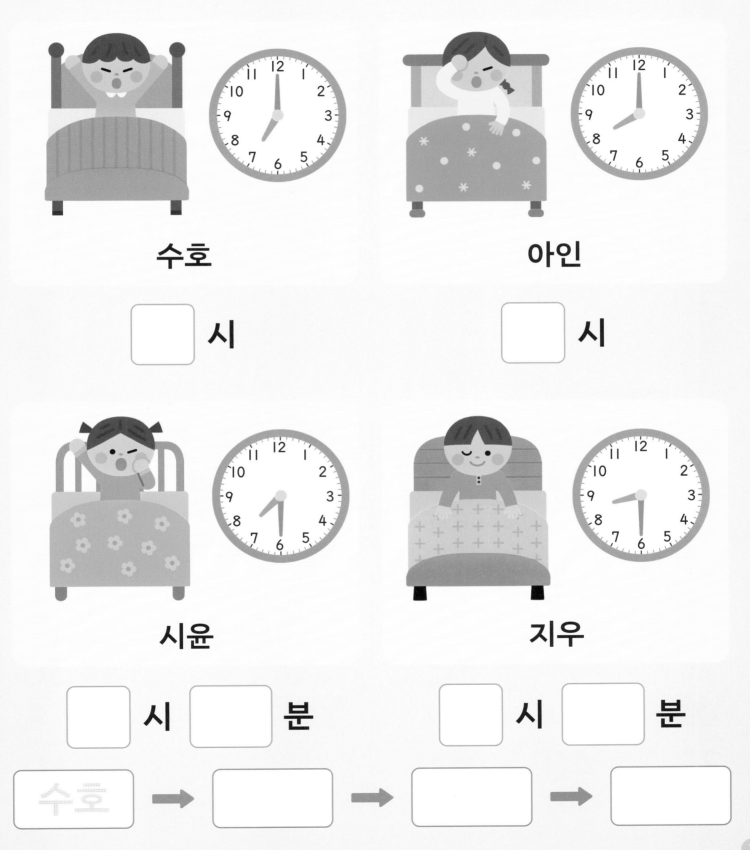

수호

아인

☐ 시

☐ 시

시윤

지우

☐ 시 ☐ 분

☐ 시 ☐ 분

수호 → ☐ → ☐ → ☐

# 1 시계 배우기

⭐ 시곗바늘이 가리키는 숫자를 보고 '몇 시 5분'을 배워 보세요.

5분은 05로 써요.

짧은바늘이 3 과 4 사이에 있고

긴바늘이 1 을 가리키면 3 시 5 분이에요.

⭐ 5씩 뛰어 세기를 하고 소리 내어 읽어 보세요.

| 5 오 | →5 | 10 십 | →5 | 15 십오 | →5 | 20 이십 | →5 | 25 이십오 | →5 | 30 삼십 |
|---|---|---|---|---|---|---|---|---|---|---|

| 35 삼십오 | →5 | 40 사십 | →5 | 사십오 | →5 | 오십 | →5 | 55 오십오 | →5 | 60 육십 |
|---|---|---|---|---|---|---|---|---|---|---|

⭐ 5씩 뛰어 세며, 시계의 숫자가 몇 분을 나타내는지 써 보세요.

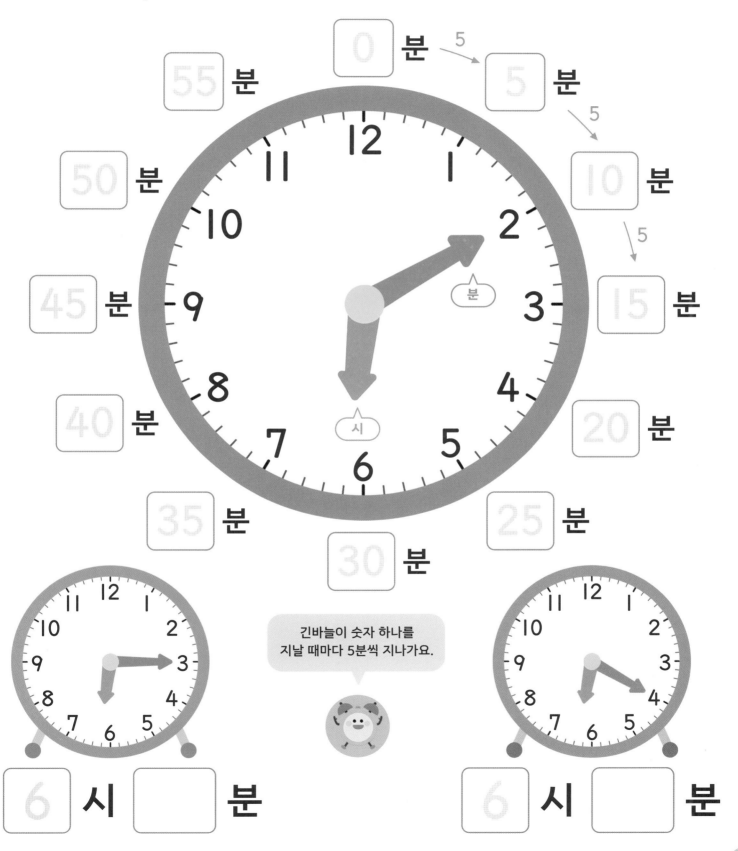

55 분
0 분
5 → 5 분
50 분
5 → 10 분
45 분
5 → 15 분
40 분
20 분
35 분
25 분
30 분

긴바늘이 숫자 하나를 지날 때마다 5분씩 지나가요.

6 시 [ ] 분

6 시 [ ] 분

# 3 시각 쓰기 1

⭐ 긴바늘이 가리키는 숫자에 ○ 하고 '5시 몇 분'인지 써 보세요.

$\boxed{5}$ 시 $\boxed{5}$ 분

$\boxed{5}$ 시 $\boxed{\phantom{0}}$ 분

$\boxed{\phantom{0}}$ 시 $\boxed{\phantom{0}}$ 분

$\boxed{\phantom{0}}$ 시 $\boxed{\phantom{0}}$ 분

$\boxed{\phantom{0}}$ 시 $\boxed{\phantom{0}}$ 분

$\boxed{\phantom{0}}$ 시 $\boxed{\phantom{0}}$ 분

 시각을 쓰면서 다섯 시 오 분, 다섯 시 십 분… 다섯 시 오십 분으로 소리 내어 읽어 보세요.

5 시 □ 분

5 시 □ 분

□ 시 □ 분

□ 시 □ 분

□ 시 □ 분

긴바늘이 12를 가리키면 0분이라고 말하지 않고, 몇 시라고만 읽어요.

□ 시

⭐ 5씩 뛰어 세며 긴바늘이 가리키는 숫자가 몇 분인지 써 보세요.

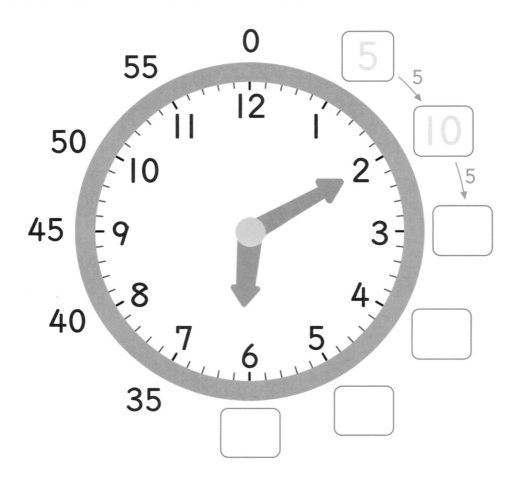

⭐ 몇 시 몇 분인지 쓰고 읽어 보세요.

짧은바늘이
6, 7 사이에 있어요.
그럼 '6시 몇 분'이에요.

6:20

쓰기 　6　 시 　20　 분

읽기 　여섯　 시 　이십　 분

# 2 시각 쓰기

⭐ 시계를 보고 시각을 써 보세요.

1 시 15 분

8 시 □ 분

□ 시 □ 분

□ 시 □ 분

□ 시 □ 분

□ 시 □ 분

⭐ 5씩 뛰어 세며 긴바늘이 가리키는 숫자가 몇 분인지 써 보세요.

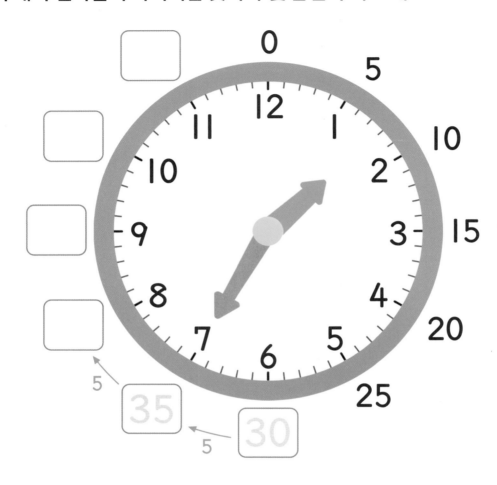

⭐ '몇 시 몇 분'인지 쓰고 읽어 보세요.

짧은바늘이
1, 2 사이에 있어요.
그럼 1시 몇 분이에요.

1:45

| 쓰기 | I 시 | 45 분 |

| 읽기 | 한 시 | 사십오 분 |

⭐ 시계를 보고 시각을 써 보세요.

6 시 40 분

2 시 ☐ 분

☐ 시 ☐ 분

짧은바늘이 6에 가깝지만 아직 5와 6 사이에 있어요.

☐ 시 ☐ 분

☐ 시 ☐ 분

☐ 시 ☐ 분

47

## 1 바른 시각 고르기

⭐ 둘 중 바른 시각에 ○하세요.

⬭ 1시 35분     3시 35분

10시 20분     10시 40분

1시 50분     2시 50분

9시 15분     9시 3분

4:20

4시 20분     4시 2분

9:45

5시 49분     9시 45분

⭐ 같은 시각을 찾아 선으로 이어 보세요.

7시 45분     6시 20분     12시 50분     3시 10분

⭐ 시각에 알맞게 긴바늘을 그려 보세요.

8시 10분

8시 15분

10시 20분

10시 25분

⭐ 시각에 알맞게 수를 써 보세요.

디지털 시계에서 5분은 05라고 써요.

4시 45분

11시 5분

⭐ 학교에 가면 무엇을 하는지 이야기하며 시각을 써 보세요.

⬜ 시 ⬜ 분 학교에 도착

⬜ 시 ⬜ 분 수학 공부

⬜ 시 ⬜ 분 노래

⬜ 시 ⬜ 분 줄넘기

⭐ 공부 계획을 스스로 세우며 시곗바늘을 그리고, 시각을 써 보세요.

⬜ 시 ⬜ 분 한글 공부

⬜ 시 ⬜ 분 시계 공부

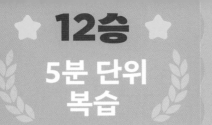

# 1 주말 계획표

⭐ 주말 계획표를 보고 시계와 그림을 바르게 이어 보세요.

| | |
|---|---|
| 9시 20분 | 책 읽기 |
| 11시 35분 | 내 방 청소하기 |
| 1시 15분 | 동생과 자전거 타기 |
| 3시 50분 | 간식 만들기 |

⭐ 읽은 시각이 맞으면 ➡, 틀리면 ⬇로 가서 친구가 가장 좋아하는 운동을 써 보세요.

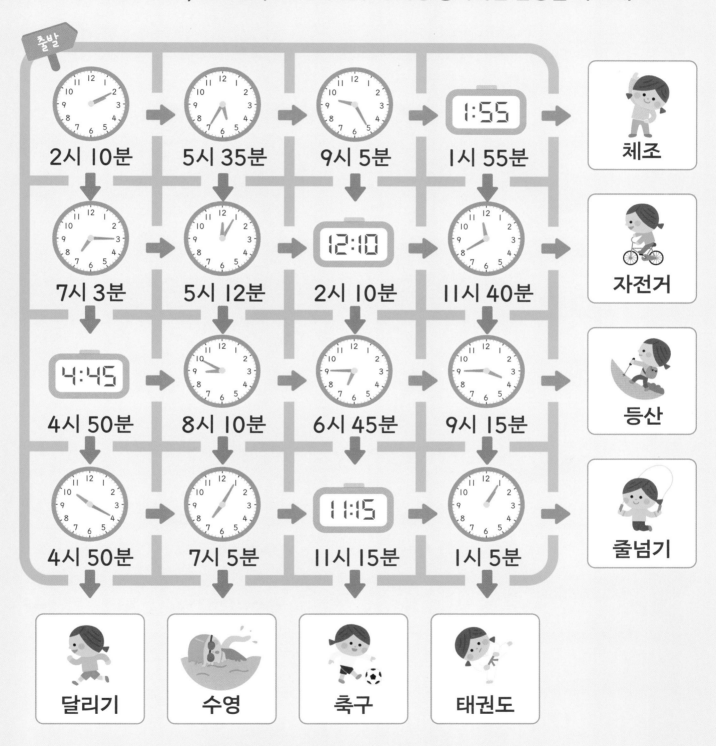

친구가 가장 좋아하는 운동은 [    ] 입니다.

⭐ 왼쪽 시계와 같은 시각을 찾아 ○하세요.

⭐ 친구가 강아지와 무엇을 하며 놀았는지 이야기하며 빈칸에 알맞은 시각을 써 보세요.

[　] 시 [　] 분에

책을 읽었어요.

[　] 시 [　] 분에

산책을 했어요.

[　] 시 [　] 분에

숨바꼭질을 했어요.

[　] 시 [　] 분에

김밥을 먹었어요.

[　] 시 [　] 분에

낚시를 했어요.

[　] 시 [　] 분에

공놀이를 했어요.

# 1 시계 배우기

⭐ 시곗바늘이 가리키는 숫자를 보고 '몇 시 1분'을 배워 보세요.

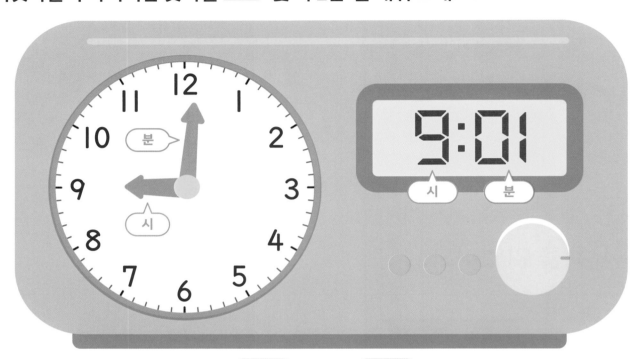

작은 눈금 ☐1 칸은 ☐1 분이에요.

☐9 시 ☐1 분이에요.

⭐ 이어 세기로 수를 바르게 쓰고, 소리 내어 읽어 보세요.

| 5 | 6 | 7 | 8 | 9 |
|---|---|---|---|---|
| 오 | 육 | 칠 | 팔 | 구 |

| 15 | 16 | 17 | | 19 |
|---|---|---|---|---|
| 십오 | 십육 | 십칠 | 십팔 | 십구 |

| 25 | 26 | | | |
|---|---|---|---|---|
| 이십오 | 이십육 | 이십칠 | 이십팔 | 이십구 |

| 30 | | | 33 | |
|---|---|---|---|---|
| 삼십 | 삼십일 | 삼십이 | 삼십삼 | 삼십사 |

| 45 | | | 49 | |
|---|---|---|---|---|
| 사십오 | 사십육 | 사십칠 | 사십팔 | 사십구 |

| 55 | | | | |
|---|---|---|---|---|
| 오십오 | 오십육 | 오십칠 | 오십팔 | 오십구 |

⭐ 작은 눈금 1칸은 1분이에요. 시계의 분을 알맞게 써 보세요.

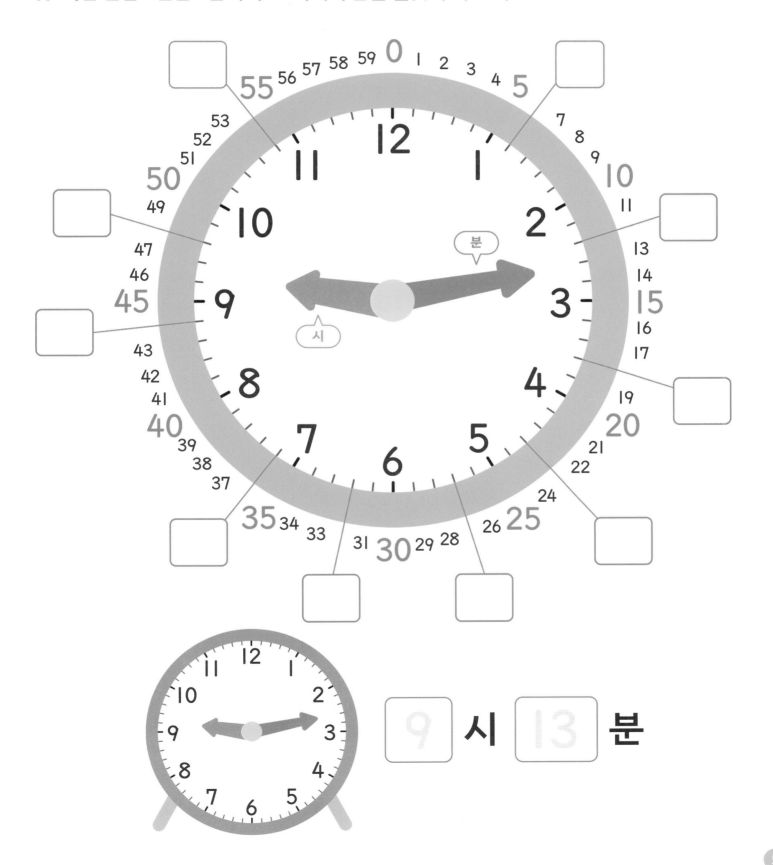

9 시 13 분

# 3 시각 쓰기 1

⭐ '7시 몇 분'인지 써 보세요.

7 시 4 분

7 시 ☐ 분

7 시 3 분

7 시 ☐ 분

# 4 시각 쓰기 2

시각을 쓰면서 일곱 시 육 분, 일곱 시 십삼 분… 일곱 시 오십육 분으로 소리 내어 읽어 보세요.

59

# 1 시계 보기

★ 시계의 숫자를 이어 세기 하며 시각을 쓰고 읽어 보세요.

쓰기 8 시 13 분

읽기 여덟 시 십삼 분

짧은바늘이 8, 9 사이에 있어요.
그럼 8시 몇 분이에요.

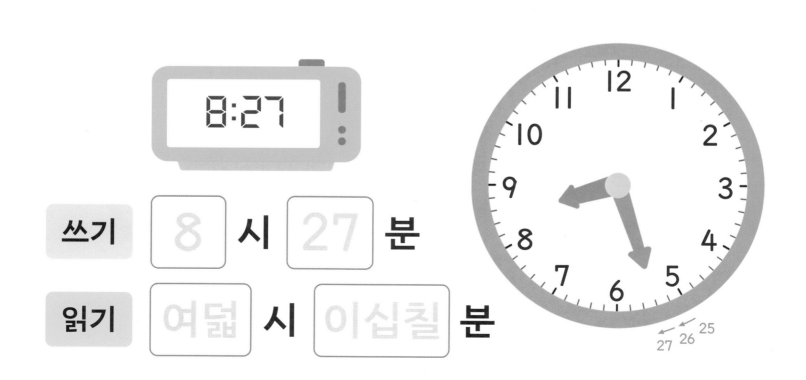

쓰기 8 시 27 분

읽기 여덟 시 이십칠 분

# 2 시각 쓰기

⭐ 시계를 보고 시각을 써 보세요.

3 시 2 분

8 시 ☐ 분

☐ 시 ☐ 분

☐ 시 ☐ 분

# 3 시계 보기

⭐ 시계의 숫자를 이어 세기 하며 시각을 쓰고 읽어 보세요.

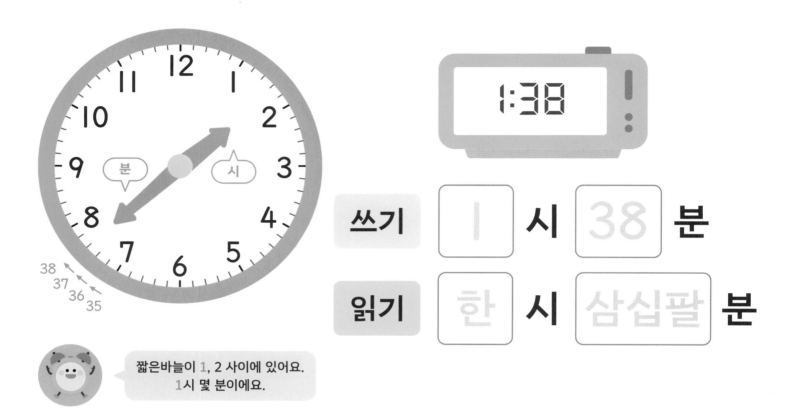

쓰기 | 1 | 시 | 38 | 분

읽기 | 한 | 시 | 삼십팔 | 분

짧은바늘이 1, 2 사이에 있어요.
1시 몇 분이에요.

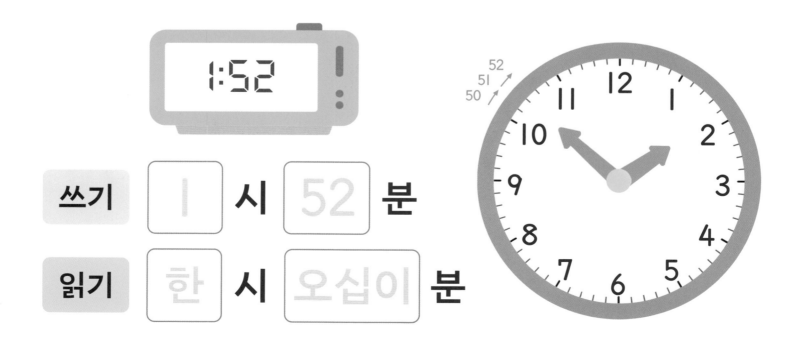

쓰기 | 1 | 시 | 52 | 분

읽기 | 한 | 시 | 오십이 | 분

# 4 시각 쓰기

⭐ 시계를 보고 시각을 써 보세요.

4 시 33 분

7 시 ☐ 분

2시 56, 57, 58, 59분은
짧은바늘이 3에 가까워요.

☐ 시 ☐ 분

☐ 시 ☐ 분

# 1 바른 시각 고르기

⭐ 둘 중 바른 시각에 ○하세요.

8시 24분    (7시 24분)

1시 48분    2시 48분

2시 56분    3시 56분

4시 12분    4시 2분

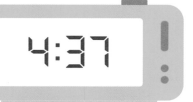

4시 37분    4시 7분

11시 1분    11시 6분

⭐ 같은 시각을 찾아 선으로 이어 보세요.

| 2시 53분 | 11시 16분 | 6시 14분 | 8시 22분 |

⭐ 시각에 알맞게 긴바늘을 그려 보세요.

1시 13분

3시 46분

# 4 시계 놀이

⭐ 같은 시각을 나타내는 글자를 빈칸에 써서 암호를 풀어 보세요.

| 5시 22분 | 4시 36분 | 10시 3분 | 8시 14분 | 1시 58분 | 12시 47분 |
|---|---|---|---|---|---|
| ↓ | ↓ | ↓ | ↓ | ↓ | ↓ |
| 나 | | | | | |

# 1 정확한 일기

★ 그림일기를 보고 시각을 바르게 써 보세요.

| 10월 12일 토요일 | 날씨 ☀ 🌤 ☁ ☂ |
| --- | --- |

가족과 함께 단풍 구경을 갔다.

| 시 분 | 케이블카는 이미 출발해서 |
| --- | --- |

| 시 분 | 케이블카를 탔다. |
| --- | --- |

울긋불긋 단풍을 구경하고, 점심을 먹었다.

시계를 보니 `1:48`  시 분 이었다.

⭐ 사다리를 따라가 시각을 바르게 말한 친구의 이름을 써 보세요.

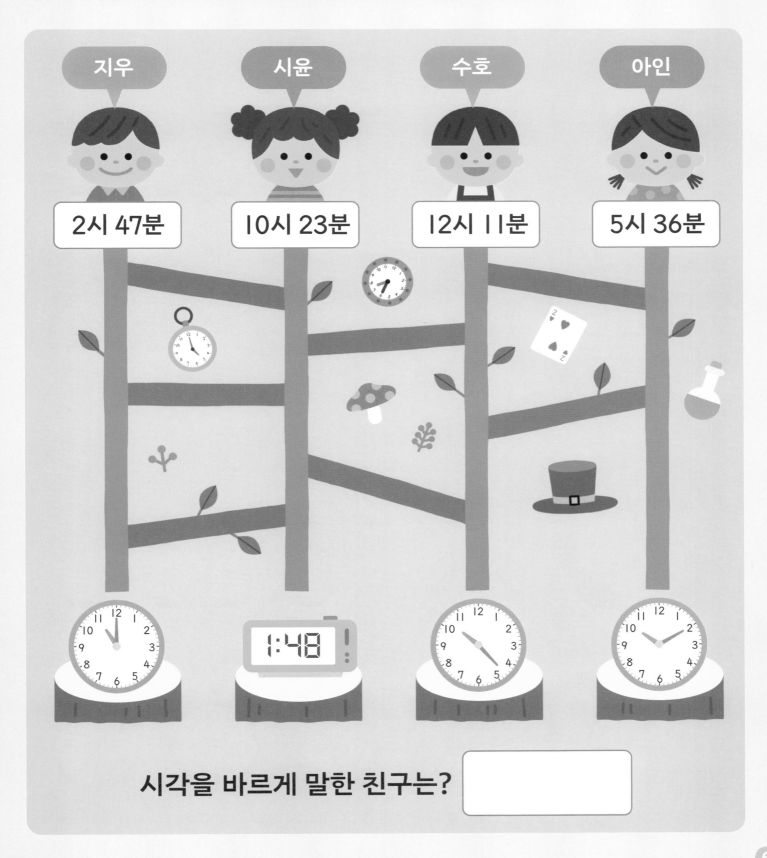

지우 · 2시 47분

시윤 · 10시 23분

수호 · 12시 11분

아인 · 5시 36분

시각을 바르게 말한 친구는?

⭐ 왼쪽 시계와 같은 시각을 찾아 ○ 하세요.

# 4 시계와 친구들

⭐ 현장 체험 학습을 갔어요. 시각에 맞게 시곗바늘을 그려 보세요.

9시 26분에
버스에 탔어요.

9시 57분에
버스에서 내렸어요.

10시 21분에 딸기 따기
체험을 시작했어요.

11시 21분에 딸기 따기
체험을 마쳤어요.

11시 43분에 딸기 케이크
만들기 체험을 시작했어요.

12시 37분에
딸기 케이크를 완성했어요.

71

# **1** 시각 쓰기

★ 시계를 보고 시각을 써 보세요.

4 시

5 시 ☐ 분

☐ 시 ☐ 분

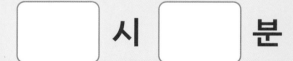

☐ 시 ☐ 분

☐ 시 ☐ 분

☐ 시 ☐ 분

# 2 시계 그리기

⭐ 시각에 알맞게 시곗바늘을 그리세요.

8시

 9시 10분

2시 30분

 6시 45분

 12:20

 1:17

⭐ 시각에 알맞게 수를 써 보세요.

 디지털 시계에서 8분은 08로 써요.

3시 14분  3:

10시 8분  :

73

⭐ **대화를 보고 시곗바늘을 알맞게 그린 후, 시각을 써 보세요.**

짧은바늘은
9를 가리키고 있어.

긴바늘은 12를
가리키고 있어.

☐ 시

---

짧은바늘은
4와 5 가운데에 있어.

긴바늘은 6을
가리키고 있어.

☐ 시 ☐ 분

---

짧은바늘은
7과 8 사이에 있어.

긴바늘은 4를
가리키고 있어.

☐ 시 ☐ 분

---

짧은바늘은
1과 2 사이에 있어.

긴바늘은 9에서
작은 눈금 2만큼 더
간 곳을 가리키고 있어.

☐ 시 ☐ 분

⭐ 아래의 시각을 써넣고 시곗바늘을 알맞게 그려 보세요.

 어른과 함께 해 봐요.

| 오늘 해 뜬 시각 | ☐ 시 ☐ 분 |

| 오늘 해 지는 시각 | ☐ 시 ☐ 분 |

| 오늘 내가 일어난 시각 | ☐ 시 ☐ 분 |

| 오늘 내가 잘 시각 | ☐ 시 ☐ 분 |

| 유치원(학교) 시작 시각 | ☐ 시 ☐ 분 |

| 유치원(학교) 마치는 시각 | ☐ 시 ☐ 분 |

## 1 달력 배우기

⭐ 달력에 월, 일이 어디에 있나요? 따라 쓰기를 하고 소리 내어 읽어 보세요.

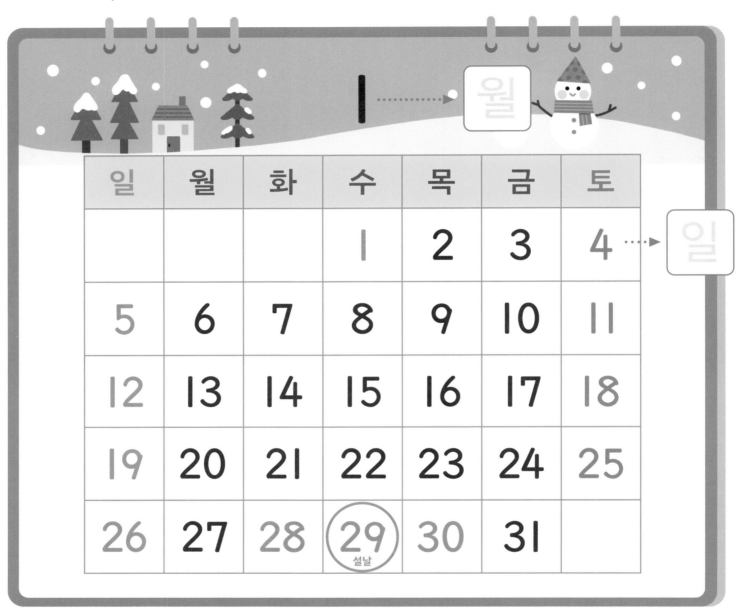

| 일 | 월 | 화 | 수 | 목 | 금 | 토 |
|---|---|---|---|---|---|---|
|  |  |  | 1 | 2 | 3 | 4 |
| 5 | 6 | 7 | 8 | 9 | 10 | 11 |
| 12 | 13 | 14 | 15 | 16 | 17 | 18 |
| 19 | 20 | 21 | 22 | 23 | 24 | 25 |
| 26 | 27 | 28 | 29 설날 | 30 | 31 |  |

1 월입니다.

설날은 1 월 29 일입니다.

 일 월 이십구 일. 소리 내어 읽어 보세요.

⭐ 날짜를 보고 달력에 알맞게 ◯ 하세요.

**1**

| 일 | 월 | 화 | 수 | 목 | 금 | 토 |
|---|---|---|---|---|---|---|
|  |  |  | 1 | 2 | 3 | 4 |
| 5 | 6 | ⑦ | 8 | 9 | 10 | 11 |
| 12 | 13 | 14 | 15 | 16 | 17 | 18 |
| 19 | 20 | 21 | 22 | 23 | 24 | 25 |
| 26 | 27 | 28 | 29 | 30 | 31 |  |

**1월 7일**

**3**

| 일 | 월 | 화 | 수 | 목 | 금 | 토 |
|---|---|---|---|---|---|---|
|  |  |  |  |  |  | 1 |
| 2 | 3 | 4 | 5 | 6 | 7 | 8 |
| 9 | 10 | 11 | 12 | 13 | 14 | 15 |
| 16 | 17 | 18 | 19 | 20 | 21 | 22 |
| 23 | 24 | 25 | 26 | 27 | 28 | 29 |
| 30 | 31 |  |  |  |  |  |

**3월 14일**

**1**

| 일 | 월 | 화 | 수 | 목 | 금 | 토 |
|---|---|---|---|---|---|---|
|  |  |  | 1 | 2 | 3 | 4 |
| 5 | 6 | 7 | 8 | 9 | 10 | 11 |
| 12 | 13 | 14 | 15 | 16 | 17 | 18 |
| 19 | 20 | 21 | 22 | 23 | 24 | 25 |
| 26 | 27 | 28 | 29 | 30 | 31 |  |

**1월 18일**

**3**

| 일 | 월 | 화 | 수 | 목 | 금 | 토 |
|---|---|---|---|---|---|---|
|  |  |  |  |  |  | 1 |
| 2 | 3 | 4 | 5 | 6 | 7 | 8 |
| 9 | 10 | 11 | 12 | 13 | 14 | 15 |
| 16 | 17 | 18 | 19 | 20 | 21 | 22 |
| 23 | 24 | 25 | 26 | 27 | 28 | 29 |
| 30 | 31 |  |  |  |  |  |

**3월 26일**

**1**

| 일 | 월 | 화 | 수 | 목 | 금 | 토 |
|---|---|---|---|---|---|---|
|  |  |  | 1 | 2 | 3 | 4 |
| 5 | 6 | 7 | 8 | 9 | 10 | 11 |
| 12 | 13 | 14 | 15 | 16 | 17 | 18 |
| 19 | 20 | 21 | 22 | 23 | 24 | 25 |
| 26 | 27 | 28 | 29 | 30 | 31 |  |

**1월 31일**

**3**

| 일 | 월 | 화 | 수 | 목 | 금 | 토 |
|---|---|---|---|---|---|---|
|  |  |  |  |  |  | 1 |
| 2 | 3 | 4 | 5 | 6 | 7 | 8 |
| 9 | 10 | 11 | 12 | 13 | 14 | 15 |
| 16 | 17 | 18 | 19 | 20 | 21 | 22 |
| 23 | 24 | 25 | 26 | 27 | 28 | 29 |
| 30 | 31 |  |  |  |  |  |

**3월 30일**

⭐ 달력에 ○한 날이 몇 월 며칠인지 써 보세요.

**1**

| 일 | 월 | 화 | 수 | 목 | 금 | 토 |
|---|---|---|---|---|---|---|
|  |  |  | 1 | (2) | 3 | 4 |
| 5 | 6 | 7 | 8 | 9 | 10 | 11 |
| 12 | 13 | 14 | 15 | 16 | 17 | 18 |
| 19 | 20 | 21 | 22 | 23 | 24 | 25 |
| 26 | 27 | 28 | 29 | 30 | 31 |  |

 1 월 2 일

**3**

| 일 | 월 | 화 | 수 | 목 | 금 | 토 |
|---|---|---|---|---|---|---|
|  |  |  |  |  |  | 1 |
| 2 | 3 | 4 | 5 | (6) | 7 | 8 |
| 9 | 10 | 11 | 12 | 13 | 14 | 15 |
| 16 | 17 | 18 | 19 | 20 | 21 | 22 |
| 23 | 24 | 25 | 26 | 27 | 28 | 29 |
| 30 | 31 |  |  |  |  |  |

3 월 [ ] 일

**1**

| 일 | 월 | 화 | 수 | 목 | 금 | 토 |
|---|---|---|---|---|---|---|
|  |  |  | 1 | 2 | 3 | 4 |
| 5 | 6 | 7 | 8 | 9 | 10 | (11) |
| 12 | 13 | 14 | 15 | 16 | 17 | 18 |
| 19 | 20 | 21 | 22 | 23 | 24 | 25 |
| 26 | 27 | 28 | 29 | 30 | 31 |  |

[ ] 월 [ ] 일

**3**

| 일 | 월 | 화 | 수 | 목 | 금 | 토 |
|---|---|---|---|---|---|---|
|  |  |  |  |  |  | 1 |
| 2 | 3 | 4 | 5 | 6 | 7 | 8 |
| 9 | 10 | 11 | 12 | 13 | 14 | 15 |
| 16 | 17 | 18 | 19 | (20) | 21 | 22 |
| 23 | 24 | 25 | 26 | 27 | 28 | 29 |
| 30 | 31 |  |  |  |  |  |

[ ] 월 [ ] 일

**1**

| 일 | 월 | 화 | 수 | 목 | 금 | 토 |
|---|---|---|---|---|---|---|
|  |  |  | 1 | 2 | 3 | 4 |
| 5 | 6 | 7 | 8 | 9 | 10 | 11 |
| 12 | 13 | 14 | 15 | 16 | 17 | 18 |
| 19 | 20 | 21 | 22 | 23 | 24 | 25 |
| 26 | (27) | 28 | 29 | 30 | 31 |  |

[ ] 월 [ ] 일

**3**

| 일 | 월 | 화 | 수 | 목 | 금 | 토 |
|---|---|---|---|---|---|---|
|  |  |  |  |  |  | 1 |
| 2 | 3 | 4 | 5 | 6 | 7 | 8 |
| 9 | 10 | 11 | 12 | 13 | 14 | 15 |
| 16 | 17 | 18 | 19 | 20 | 21 | 22 |
| 23 | 24 | 25 | 26 | 27 | 28 | 29 |
| 30 | (31) |  |  |  |  |  |

[ ] 월 [ ] 일

⭐ 빈칸에 알맞은 날짜를 써넣어 달력을 완성해 보세요.

 오른쪽 → 으로 갈수록 1씩 커져요.

## 4

| 일 | 월 | 화 | 수 | 목 | 금 | 토 |
|---|---|---|---|---|---|---|
|  |  | 1 | 2 | 3 | 4 | 5 |
| 6 | 7 | 8 |  | 10 | 11 | 12 |
| 13 | 14 | 15 | 16 |  | 18 | 19 |
| 20 | 21 | 22 | 23 | 24 | 25 |  |
| 27 | 28 | 29 | 30 |  |  |  |

## 5

| 일 | 월 | 화 | 수 | 목 | 금 | 토 |
|---|---|---|---|---|---|---|
|  |  |  |  |  | 2 | 3 |
| 4 | 5 | 6 |  | 8 | 9 | 10 |
| 11 | 12 | 13 |  | 15 | 16 | 17 |
| 18 |  |  | 21 | 22 | 23 | 24 |
| 25 | 26 | 27 | 28 | 29 | 30 |  |

# 1 요일 배우기

⭐ 달력에 요일이 어디에 있나요? 따라 쓰기를 하고 소리 내어 읽어 보세요.

10 ──────► 요일

| 일 | 월 | 화 | 수 | 목 | 금 | 토 |
|---|---|---|---|---|---|---|
|  |  |  | 1 | 2 | 3 | 4 |
| 5 | 6 | 7 | 8 | 9 | 10 | 11 |
| 12 | 13 | 14 | 15 | 16 | 17 | 18 |
| 19 | 20 | 21 | 22 | 23 | 24 | 25 |
| 26 | 27 | 28 | 29 | 30 | 31 |  |

요일은 7일씩 반복되어요.

1주일

[ 1 ] 주일은 [ 7 ] 일이에요.

달력에는 [일] 요일, [월] 요일, [화] 요일, [수] 요일, [목] 요일,

[금] 요일, [토] 요일, [ 7 ] 개 요일이 순서대로 있어요.

⭐ ♡표 한 날의 요일을 골라 ○하세요.

### 11

| 일 | 월 | 화 | 수 | 목 | 금 | 토 |
|---|---|---|---|---|---|---|
|  |  |  |  |  |  | 1 |
| 2 | 3 | ♡4 | 5 | 6 | 7 | 8 |
| 9 | 10 | 11 | 12 | 13 | 14 | 15 |
| 16 | 17 | 18 | 19 | 20 | 21 | 22 |
| 23 | 24 | 25 | 26 | 27 | 28 | 29 |
| 30 |  |  |  |  |  |  |

(화요일)    수요일

### 12

| 일 | 월 | 화 | 수 | 목 | 금 | 토 |
|---|---|---|---|---|---|---|
|  | 1 | 2 | 3 | 4 | 5 | 6 |
| 7 | 8 | 9 | 10 | 11 | ♡12 | 13 |
| 14 | 15 | 16 | 17 | 18 | 19 | 20 |
| 21 | 22 | 23 | 24 | 25 | 26 | 27 |
| 28 | 29 | 30 | 31 |  |  |  |

목요일    금요일

### 11

| 일 | 월 | 화 | 수 | 목 | 금 | 토 |
|---|---|---|---|---|---|---|
|  |  |  |  |  |  | 1 |
| 2 | 3 | 4 | 5 | 6 | 7 | 8 |
| ♡9 | 10 | 11 | 12 | 13 | 14 | 15 |
| 16 | 17 | 18 | 19 | 20 | 21 | 22 |
| 23 | 24 | 25 | 26 | 27 | 28 | 29 |
| 30 |  |  |  |  |  |  |

월요일    일요일

### 12

| 일 | 월 | 화 | 수 | 목 | 금 | 토 |
|---|---|---|---|---|---|---|
|  | 1 | 2 | 3 | 4 | 5 | 6 |
| 7 | 8 | 9 | 10 | 11 | 12 | 13 |
| 14 | 15 | 16 | ♡17 | 18 | 19 | 20 |
| 21 | 22 | 23 | 24 | 25 | 26 | 27 |
| 28 | 29 | 30 | 31 |  |  |  |

수요일    목요일

### 11

| 일 | 월 | 화 | 수 | 목 | 금 | 토 |
|---|---|---|---|---|---|---|
|  |  |  |  |  |  | 1 |
| 2 | 3 | 4 | 5 | 6 | 7 | 8 |
| 9 | 10 | 11 | 12 | 13 | 14 | 15 |
| 16 | 17 | 18 | 19 | 20 | ♡21 | 22 |
| 23 | 24 | 25 | 26 | 27 | 28 | 29 |
| 30 |  |  |  |  |  |  |

금요일    목요일

### 12

| 일 | 월 | 화 | 수 | 목 | 금 | 토 |
|---|---|---|---|---|---|---|
|  | 1 | 2 | 3 | 4 | 5 | 6 |
| 7 | 8 | 9 | 10 | 11 | 12 | 13 |
| 14 | 15 | 16 | 17 | 18 | 19 | 20 |
| 21 | 22 | 23 | 24 | 25 | 26 | ♡27 |
| 28 | 29 | 30 | 31 |  |  |  |

토요일    일요일

# 3 요일 쓰기

 달력에 〇, ♡ 한 날짜의 요일을 써 보세요.

 연필로 화살표를 따라가 요일을 알아봐요.

**11**

| 일 | 월 | 화 | 수 | 목 | 금 | 토 |
|---|---|---|---|---|---|---|
|  |  |  |  |  |  | 1 |
| 2 | ③ | 4 | 5 | 6 | ♡7 | 8 |
| 9 | 10 | 11 | 12 | 13 | 14 | 15 |
| 16 | 17 | 18 | 19 | 20 | 21 | 22 |
| 23 | 24 | 25 | 26 | 27 | 28 | 29 |
| 30 |  |  |  |  |  |  |

**12**

| 일 | 월 | 화 | 수 | 목 | 금 | 토 |
|---|---|---|---|---|---|---|
|  | 1 | 2 | 3 | 4 | 5 | ⑥ |
| 7 | 8 | ♡9 | 10 | 11 | 12 | 13 |
| 14 | 15 | 16 | 17 | 18 | 19 | 20 |
| 21 | 22 | 23 | 24 | 25 | 26 | 27 |
| 28 | 29 | 30 | 31 |  |  |  |

〇 11월 3일 **월** 요일

♡ 11월 7일 **금** 요일

〇 12월 6일 ☐ 요일

♡ 12월 9일 ☐ 요일

**11**

| 일 | 월 | 화 | 수 | 목 | 금 | 토 |
|---|---|---|---|---|---|---|
|  |  |  |  |  |  | 1 |
| 2 | 3 | 4 | 5 | 6 | 7 | 8 |
| 9 | 10 | 11 | ⑫ | 13 | 14 | 15 |
| ♡16 | 17 | 18 | 19 | 20 | 21 | 22 |
| 23 | 24 | 25 | 26 | 27 | 28 | 29 |
| 30 |  |  |  |  |  |  |

**12**

| 일 | 월 | 화 | 수 | 목 | 금 | 토 |
|---|---|---|---|---|---|---|
|  | 1 | 2 | 3 | 4 | 5 | 6 |
| 7 | 8 | 9 | 10 | 11 | 12 | 13 |
| 14 | 15 | 16 | 17 | ⑱ | 19 | 20 |
| 21 | 22 | 23 | 24 | 25 | ♡26 | 27 |
| 28 | 29 | 30 | 31 |  |  |  |

〇 11월 12일 ☐ 요일

♡ 11월 16일 ☐ 요일

〇 12월 18일 ☐ 요일

♡ 12월 26일 ☐ 요일

⭐ 빈칸에 알맞은 요일을 써서 달력을 완성해 보세요.

## 4

| 일 | 월 | 화 | ☐ | 목 | ☐ | 토 |
|---|---|---|---|---|---|---|
|  |  | 1 | 2 | 3 | 4 | 5 |
| 6 | 7 | 8 | 9 | 10 | 11 | 12 |
| 13 | 14 | 15 | 16 | 17 | 18 | 19 |
| 20 | 21 | 22 | 23 | 24 | 25 | 26 |
| 27 | 28 | 29 | 30 |  |  |  |

⭐ 금요일은 며칠인지 모두 써 보세요.

## 5

| 일 | 월 | 화 | 수 | 목 | 금 | 토 |
|---|---|---|---|---|---|---|
|  |  |  |  | 1 | 2 | 3 |
| 4 | 5 | 6 | 7 | 8 | 9 | 10 |
| 11 | 12 | 13 | 14 | 15 | ☐ | 17 |
| 18 | 19 | 20 | 21 | 22 | ☐ | 24 |
| 25 | 26 | 27 | 28 | 29 | ☐ | 31 |

# 1  1년 배우기

⭐ **1년 12달 달력을 한 번에 살펴보고, 월을 따라 쓰세요.**

1년은 ⏐ 월부터 12 월까지 있어요.

1년은 12 개월이에요.

⭐ 왼쪽의 달력에서 각 월의 마지막 날에 ◯하고, 며칠까지 있는지 써 보세요.

| 월 | 1 | 2 | 3 | 4 | 5 | 6 | 7 | 8 | 9 | 10 | 11 | 12 |
|---|---|---|---|---|---|---|---|---|---|---|---|---|
| 일 | 31 | | | | | | | | | | | |

⭐ 손을 이용해 각 월의 날수를 쉽게 아는 방법을 배워 봐요.

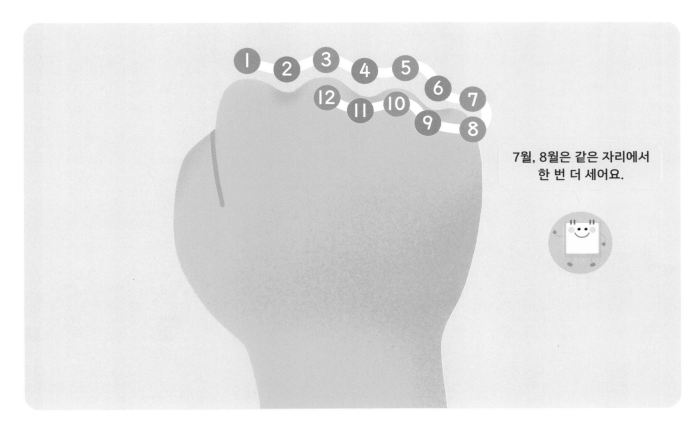

7월, 8월은 같은 자리에서 한 번 더 세어요.

▲ 위로 올라간 부분은 31 일,

2월은 28일 또는 29일이에요.

▼ 아래로 내려간 부분은 30 일이에요.

85

# 3 날짜 쓰기 1

⭐ 달력을 보고 빈칸에 명절과 공휴일을 써넣어 보세요.

부처님오신날은 음력 4월 8일로, 어린이날과 같은 날인 해도 있어요.

신정

[  ] 월 [  ] 일

설날

[  ] 월 [  ] 일

3.1절

[  ] 월 [  ] 일

어린이날

[  ] 월 [  ] 일

부처님오신날

[  ] 월 [  ] 일

현충일

[  ] 월 [  ] 일

| | | | 7 | | | |
|---|---|---|---|---|---|---|
| 일 | 월 | 화 | 수 | 목 | 금 | 토 |
| | | 1 | 2 | 3 | 4 | 5 |
| 6 | 7 | 8 | 9 | 10 | 11 | 12 |
| 13 | 14 | 15 | 16 | 17 | 18 | 19 |
| 20 | 21 | 22 | 23 | 24 | 25 | 26 |
| 27 | 28 | 29 | 30 | 31 | | |

광복절

| | | | 8 | | | |
|---|---|---|---|---|---|---|
| 일 | 월 | 화 | 수 | 목 | 금 | 토 |
| | | | | | 1 | 2 |
| 3 | 4 | 5 | 6 | 7 | 8 | 9 |
| 10 | 11 | 12 | 13 | 14 | (15) | 16 |
| 17 | 18 | 19 | 20 | 21 | 22 | 23 |
| 24 | 25 | 26 | 27 | 28 | 29 | 30 |
| 31 | | | | | | |

| | | | 9 | | | |
|---|---|---|---|---|---|---|
| 일 | 월 | 화 | 수 | 목 | 금 | 토 |
| | 1 | 2 | 3 | 4 | 5 | 6 |
| 7 | 8 | 9 | 10 | 11 | 12 | 13 |
| 14 | 15 | 16 | 17 | 18 | 19 | 20 |
| 21 | 22 | 23 | 24 | 25 | 26 | 27 |
| 28 | 29 | 30 | | | | |

추석   개천절

| | | | 10 | | | |
|---|---|---|---|---|---|---|
| 일 | 월 | 화 | 수 | 목 | 금 | 토 |
| | | | 1 | 2 | (3) | 4 |
| 5 | (6) | 7 | 8 | (9) | 10 | 11 |
| 12 | 13 | 14 | 15 | 16 | 17 | 18 |
| 19 | 20 | 21 | 22 | 23 | 24 | 25 |
| 26 | 27 | 28 | 29 | 30 | 31 | |

한글날

| | | | 11 | | | |
|---|---|---|---|---|---|---|
| 일 | 월 | 화 | 수 | 목 | 금 | 토 |
| | | | | | | 1 |
| 2 | 3 | 4 | 5 | 6 | 7 | 8 |
| 9 | 10 | 11 | 12 | 13 | 14 | 15 |
| 16 | 17 | 18 | 19 | 20 | 21 | 22 |
| 23 | 24 | 25 | 26 | 27 | 28 | 29 |
| 30 | | | | | | |

| | | | 12 | | | |
|---|---|---|---|---|---|---|
| 일 | 월 | 화 | 수 | 목 | 금 | 토 |
| | 1 | 2 | 3 | 4 | 5 | 6 |
| 7 | 8 | 9 | 10 | 11 | 12 | 13 |
| 14 | 15 | 16 | 17 | 18 | 19 | 20 |
| 21 | 22 | 23 | 24 | (25) | 26 | 27 |
| 28 | 29 | 30 | 31 | | | |

크리스마스

내 생일을 달력에 ○하고 아래에 써 보세요.

광복절

개천절

추석

⬚ 월 ⬚ 일    ⬚ 월 ⬚ 일    ⬚ 월 ⬚ 일

한글날

크리스마스

내 생일

⬚ 월 ⬚ 일    ⬚ 월 ⬚ 일    ⬚ 월 ⬚ 일

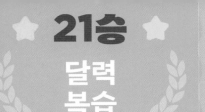
⭐ **지워진 날짜는 며칠일까요? 알맞은 날짜에 ◯ 하세요.**

### 3

| 일 | 월 | 화 | 수 | 목 | 금 | 토 |
|---|---|---|---|---|---|---|
| | | | | | | 1 |
| 2 | 3 | ● | 5 | 6 | 7 | 8 |
| 9 | 10 | 11 | 12 | 13 | 14 | 15 |
| 16 | 17 | 18 | 19 | 20 | 21 | 22 |
| 23 | 24 | 25 | 26 | 27 | 28 | 29 |
| 30 | 31 | | | | | |

**(3월 4일)**  **4월 3일**

### 4

| 일 | 월 | 화 | 수 | 목 | 금 | 토 |
|---|---|---|---|---|---|---|
| | | 1 | 2 | 3 | 4 | 5 |
| 6 | 7 | 8 | 9 | 10 | 11 | 12 |
| 13 | 14 | 15 | 16 | 17 | 18 | 19 |
| 20 | 21 | ● | 23 | 24 | 25 | 26 |
| 27 | 28 | 29 | 30 | | | |

**4월 29일**  **4월 22일**

### 6

| 일 | 월 | 화 | 수 | 목 | 금 | 토 |
|---|---|---|---|---|---|---|
| 1 | 2 | 3 | 4 | 5 | 6 | 7 |
| 8 | 9 | ● | 11 | 12 | 13 | 14 |
| 15 | 16 | 17 | 18 | 19 | 20 | 21 |
| 22 | 23 | 24 | 25 | 26 | 27 | 28 |
| 29 | 30 | | | | | |

**6월 10일**  **6월 11일**

### 7

| 일 | 월 | 화 | 수 | 목 | 금 | 토 |
|---|---|---|---|---|---|---|
| | | 1 | 2 | 3 | 4 | 5 |
| 6 | 7 | 8 | 9 | 10 | 11 | ● |
| 13 | 14 | 15 | 16 | 17 | 18 | 19 |
| 20 | 21 | 22 | 23 | 24 | 25 | 26 |
| 27 | 28 | 29 | 30 | 31 | | |

**12월 7일**  **7월 12일**

### 8

| 일 | 월 | 화 | 수 | 목 | 금 | 토 |
|---|---|---|---|---|---|---|
| | | | | | 1 | 2 |
| 3 | 4 | 5 | 6 | 7 | 8 | 9 |
| 10 | 11 | 12 | 13 | 14 | 15 | 16 |
| 17 | 18 | 19 | 20 | 21 | 22 | 23 |
| 24 | 25 | 26 | 27 | 28 | 29 | ● |
| 31 | | | | | | |

**8월 31일**  **8월 30일**

### 9

| 일 | 월 | 화 | 수 | 목 | 금 | 토 |
|---|---|---|---|---|---|---|
| | 1 | 2 | 3 | 4 | 5 | 6 |
| 7 | 8 | 9 | 10 | 11 | 12 | 13 |
| 14 | 15 | 16 | 17 | 18 | 19 | 20 |
| 21 | 22 | 23 | 24 | ● | 26 | 27 |
| 28 | 29 | 30 | | | | |

**9월 25일**  **5월 29일**

⭐ 2월 달력을 보고 계획에 알맞은 날짜와 요일을 써 보세요.

## 2

| 일 | 월 | 화 | 수 | 목 | 금 | 토 |
|---|---|---|---|---|---|---|
| | | | | | | 1 |
| 2 | 3 | ☆4 박물관 | 5 | 6 | 7 | 8 |
| 9 | 10 | 11 | 12 | 13 | 14 | 15 |
| ☆16 눈썰매 | 17 | 18 | 19 | 20 | ☆21 친척집 | ☆22 집도착 |
| 23 | 24 | 25 | 26 | 27 | 28 | |

2 월 □ 일 □ 요일에 박물관에 가요.

□ 월 □ 일 □ 요일에 눈썰매장에 가요.

□ 월 □ 일 □ 요일에 친척 집에 가요.

1일 후, □ 일 □ 요일에 집에 돌아와요.

⭐ 달력이 찢어졌어요. 찢어진 부분의 요일과 날짜를 써서 달력을 완성해 보세요.

## 9

| 일 | 월 | 화 | 수 | 목 |  |  |
|---|---|---|---|---|---|---|
|  | 1 | 2 | 3 |  |  | 6 |
| 7 | 8 | 9 | 10 | 11 |  |  |
| 14 | 15 | 16 | 17 | 18 | 19 |  |
| 21 | 22 | 23 | 24 | 25 | 26 | 27 |
| 28 | 29 | 30 |  |  |  |  |

 오른쪽 →으로 갈수록 1씩 커져요.

## 10

| 일 | 월 | 화 | 수 | 목 | 금 | 토 |
|---|---|---|---|---|---|---|
|  |  |  | 1 | 2 | 3 | 4 |
| 5 | 6 | 7 | 8 | 9 | 10 | 11 |
|  | 13 | 14 | 15 | 16 | 17 | 18 |
| 19 |  |  | 22 | 23 | 24 | 25 |
|  | 27 |  |  |  | 31 |  |

# 4 계획표 짜기

⭐ 달력을 보고 공부 계획을 세워 보세요.

## 4

| 일 | 월 | 화 | 수 | 목 | 금 | 토 |
|---|---|---|---|---|---|---|
|  |  | 1<br>수학 공부 | 2 | 3<br>한글 공부 | 4 | 5 |
| 6 | 7 | 8<br>수학 공부 | 9 | 10<br>한글 공부 | 11 | 12 |
| 13 | 14 | 15<br>수학 공부 | 16 | 17<br>한글 공부 | 18 | 19 |
| 20 | 21 | 22<br>수학 공부 | 23 | 24<br>한글 공부 | 25 | 26 |
| 27 | 28 | 29<br>수학 공부 | 30 |  |  |  |

화 요일마다 **수학** 공부하기

1 일, ☐ 일, ☐ 일, ☐ 일, ☐ 일

☐ 요일마다 **한글** 공부하기

☐ 일, ☐ 일, 17 일, ☐ 일

# 시계 만들기

★ 알맞은 수를 써넣어 시계를 완성해 보세요. 그리고 시곗바늘을 그려 하루 중 내가 가장 좋아하는 시각을 나타내 보세요.

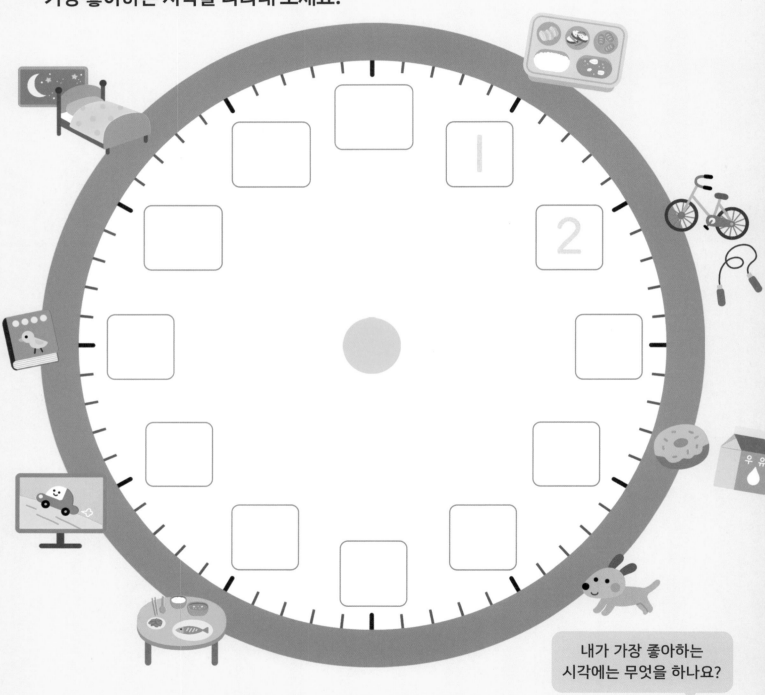

## 하루 중 내가 가장 좋아하는 시각

[ ] 시 [ ] 분

내가 가장 좋아하는
시각에는 무엇을 하나요?

# 달력 만들기

⭐ 지금은 몇 월인가요? 이 달의 1일은 무슨 요일인가요? 숫자를 써넣어 달력을 완성하고, 중요한 날을 표시해 보세요. 멋진 그림도 그려 보세요.

|   월

| 일 | 월 | 화 | 수 | 목 | 금 | 토 |
|---|---|---|---|---|---|---|
|   |   |   |   |   |   |   |
|   |   |   |   |   |   |   |
|   |   |   |   |   |   |   |
|   |   |   |   |   |   |   |
|   |   |   |   |   |   |   |

# 정답

▶ P8-9

▶ P10-11

▶ P12-13

▶ P14-15

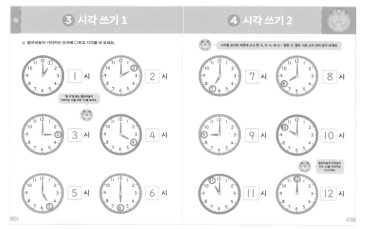

▶ P16-17

▶ P18-19

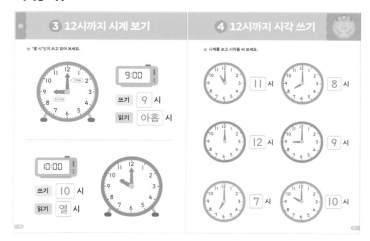

▶ P20-21

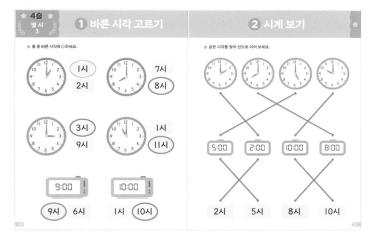

▶ P22-23

▶ P24-25

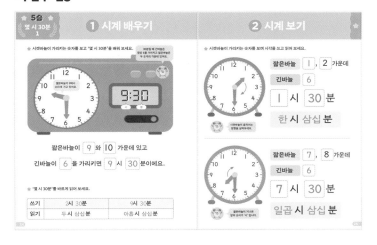

▶ P26-27

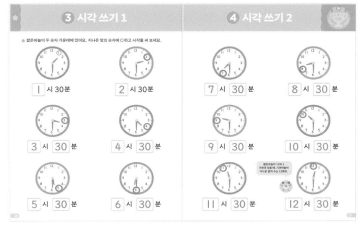

▶ P28-29

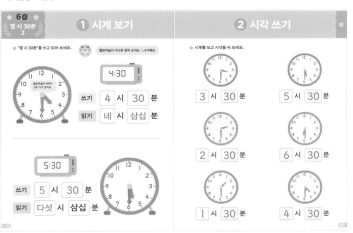

▶ P30-31

▶ P32-33

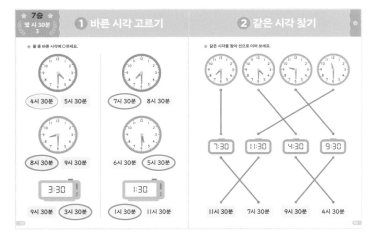

▶ P34-35

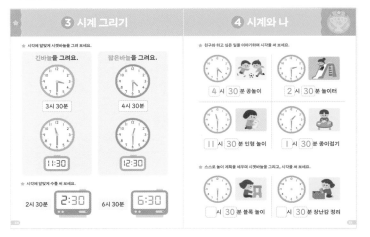

▶ P36-37

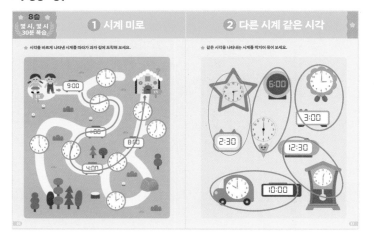

▶ P38-39

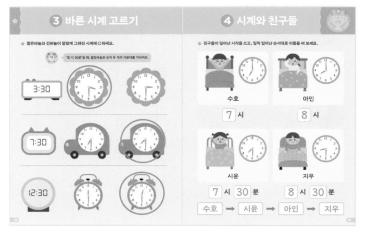

▶ P40-41

▶ P42-43

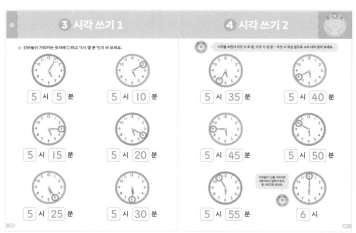

▶ P44-45

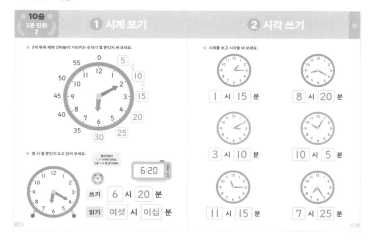

▶ P46-47

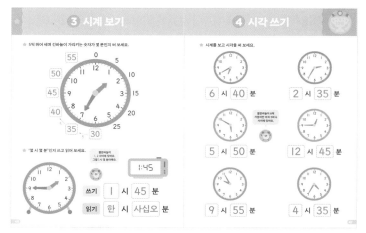

▶ P48-49

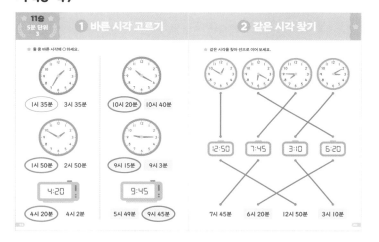

▶ P50-51

▶ P52-53

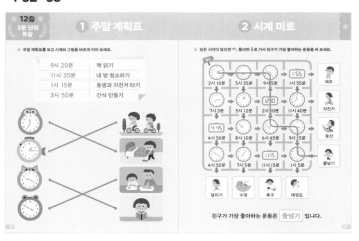

▶ P54-55

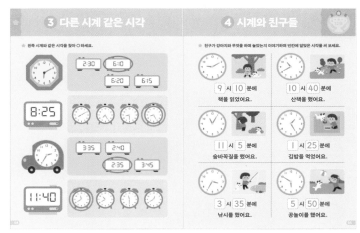

▶ P56-57

▶ P58-59

▶ P60-61

▶ P62-63

▶ P64-65

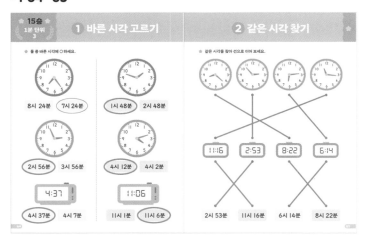

▶ P66-67

▶ P68-69

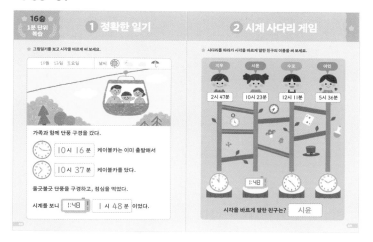

▶ P70-71

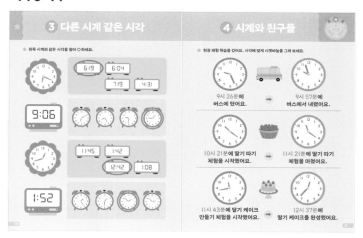

▶ P72-73

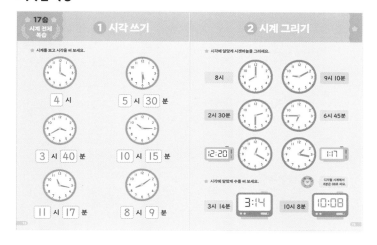

▶ P74-75 (75쪽은 예시)

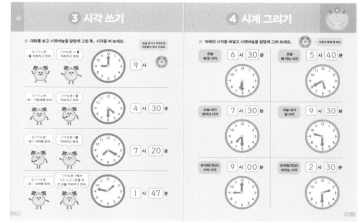

▶ P76-77

▶ P78-79

▶ P80-81

▶ P82-83

▶ P84-85

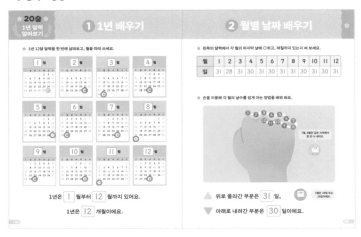

▶ P86-87

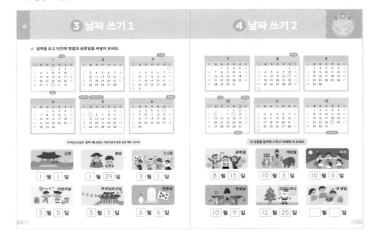

▶ P88-89

▶ P90-91

# 수학 자신감 ❷ 스티커

한 단원을 마친 후 트로피 스티커를 붙여 보세요. 자유롭게 칭찬 스티커를 활용해요.